WORDS FOR THE ROAD VI
100 short reflections and puns

ORD MED PÅ VEIEN VI
100 korte refleksjoner og ordspill

Other books written by George Manus:

THOUGHTS, English
TANKER, Norwegian

REFLECTIONS I, English
REFLEKSJONER I, Norwegian

REFLECTIONS II, English
REFLEKSJONER II, Norwegian

REFLECTIONS III, English
REFLEKSJONER III, Norwegian

A WOMAN'S MANY MIGRATIONS, English
EN KVINNES MANGE FLYTTINGER, Norwegian

INNOVATIONS AND CREATIONS, English

THE MAX MANUS COMPANIES -70 years in communication, English
MAX MANUS FIRMAENE - 70 år i kommunikasjon, Norwegian

STORIES & THOUGHTS I, English
HISTORIER & TANKER I, Norwegian

WORDS FOR THE ROAD   ORD MED PÅ VEIEN I   English - Norwegian

WORDS FOR THE ROAD   ORD MED PÅ VEIEN II   English - Norwegian

WORDS FOR THE ROAD   ORD MED PÅ VEIEN III English - Norwegian

WORDS FOR THE ROAD   ORD MED PÅ VEIEN IV   English - Norwegian

WORDS FOR THE ROAD   ORD MED PÅ VEIEN V   English - Norwegian

WORDS FOR THE ROAD   ORD MED PÅ VEIEN VI   English - Norwegian

WORDS FOR THE ROAD   ORD MED PÅ VEIEN VII English - Norwegian

WORDS FOR THE ROAD   ORD MED PÅ VEIEN VIII English - Norwegian

WORDS FOR THE ROAD   ORD MED PÅ VEIEN I X English - Norwegian

WORDS FOR THE ROADI ORD MED PÅ VEIEN X   English - Norwegian

You are heartedly welcome to quote from this book, respecting the copyright.

ISBN: 9788743028598

Author: George Manus
Copyright: George Manus
Design and layout: Ole Praud
Illustrations: Laura Hamborg

Print:
Books on Demand, Norderstedt, Germany

Editor:
Books on Demand, Copenhagen, Denmark, www.BoD.dk

e-mail: george.manus@mminnovation.no
Homepage: www.george-manus.jimdo.com

Utgave 2.

Preface

This WORDS FOR THE ROAD VI, the sixth in a row, I have dedicated to "Opinions" and given the subtitle: 100 short reflections and puns. With these the total is now 600.

All words for the road are expressions of my spontaneous opinions and thoughts when they were put on paper.

Some of them the reader will find obvious while others could have been formed differently or not be included at all. But, from time to time it is hopefully some of them that stick out and give an afterthought. If so, my purpose for them is achieved.

The reflection "Opinions" which I wrote in 2014, is taken from the book REFLECTIONS II and reproduced from page 14.

Most of the content of this book is first written in Norwegian and then translated into English, so I ask the reader to be indulgent in the English presentation, which often does not get quite the same rhythm and meaning as the Norwegian.

As in the previous five WORDS FOR THE ROAD, the table of contents is presented in alphabetical order in both English and Norwegian. In the book the English comes first, with the corresponding Norwegian next to it.

If you should get the feeling that you've heard some of them before, I can assure you it has never been my intention to plagiarize.

I thank Laura Hamburg for the illustrations and my friend Ole Praud for his consultancy work.

The South of Spain
March 2020
George Manus e-mail: george.manus@mminnovation.no

Forord

Denne ORD MED PÅ VEIEN VI, den sjette i rekken, har jeg dedikert til "Meninger" og gitt undertittelen: 100 korte refleksjoner og ordspill. Med disse er det nå blitt 600 totalt.

Alle ord med på veien er uttrykk for mine spontane meninger og tanker da de ble satt på papiret.

Noen vil leseren finne innlysende mens andre kunne vært formet anderledes eller ikke bli tatt med i det hele tatt. Men, fra tid til annen er det forhåpentligvis noen av dem som stikker seg ut og gir en ettertanke. Hvis det er tilfelle er min hensikt med dem oppnådd.

Refleksjonen "Meninger" som jeg skrev i 2014 og som er sakset fra boken REFLEKSJONER II, er gjengitt fra side 20.

Det meste av innholdet i boken er først skrevet på norsk og deretter oversatt til engelsk, så jeg ber leseren være overbærende når det gjelder den engelske presentasjonsformen, som ofte ikke får helt den samme rytmen og meningen som den norske.

Som i de tidligere fem ORD MED PÅ VEIEN, presenteres innholdsfortegnelsen i alfabetisk rekkefølge både på engelsk og norsk. I boken kommer de engelske først, med de korresponderende norske ved siden av.

Hvis du har følelsen av at du har hørt noen av dem før, garanterer jeg at det aldri har vært min tanke å plagiere.

Jeg takker Laura Hamborg for illustrasjonene og min venn Ole Praud for konsulentarbeidet.

Syd - Spania
Mars 2020
George Manus e-mail: george.manus@mminnovation.no

Content

Innhold

Opinions

April 2014

If you haven't got an opinion about anything at all, you are, in my opinion, seemingly lost.

Most of us, however, have opinions about most things, but having opinions isn't worth much if one doesn't know how to express them.

To have opinions and to be able to express them if one so wishes is, at least in those democracies I'm familiar with, a privilege worth fighting for.

It is a human right which should never be taken for granted. We have all seen tragic examples of suppressed freedom of expression.

No debate on my part about freedom of expression, it ought to be taken for granted in an enlightened world, the way I see it, but unfortunately that's not the case everywhere.

Even though there is freedom of expression, it isn't necessarily so that when one has an opinion about something, one must express it, put things bluntly or fight on the barricades for the same.

Another thing is that to keep certain opinions to oneself, is a piece of advice I would like to give to all those who have a tendency to spill over with them.

I actually don't believe that so-called normal people exist who don't have opinions about anything at all; everyone probably has opinions, it's part of the pulse of life.

On the other hand, those who have so-called convictions are perhaps few and far between. Anyway, as I've said, one doesn't need to fight for all one's opinions, but when one has so-called hobby horses, understood to mean things one feels strongly about, then it's good to have convictions. It means that one stands by one's opinions and fight for them.

Here one has to, as in so many other contexts, be aware of the challenges connected to what many of us see as fanatical opinions and attitudes; but that's a totally different matter.

Fanaticism we'll put to one side in this case, it is scary enough in itself, as we've seen many examples of. It, fanaticism, is unfortunately everywhere, in all social, political and religious fractions and exists in almost all contexts. There is no doubt that we, for ever or at least for as long as human beings rule our world, will become acquainted with this unpleasant evil, fanaticism.

In early adolescence it is normally so that many of us are concerned with choosing what is right, according to the opinion of others, for fear of being looked upon as outsiders. Human beings are, as far as I know, defined as "pack animals", in this case to be understood as having identical beliefs, it makes them feel secure.

As one gradually starts to feel comfortable with one's lives and more secure in oneself, most of us will form our own opinions about certain things which will differ from those of others.

This I believe is related to the interests one has or acquires, but it is probably also a result of social and cultural influences. In many ways this is all well and good, as it is the fact that we aren't all the same, which adds spice to our respective lives.

We have something to compare with when we or, better put, if we are able to see our own opinions in relation to existing general norms.

Many great personalities throughout time have had firm opinions about almost everything, which I believe is both reasonable and correct, even though their opinions didn't always turn out to be the right ones, that's how it must be.

In order not to make it too close to our time, we can use an example which goes almost two thousand years back in time. The then Roman Senator, Cato the Elder, is said to have ended all his speeches in the Senate with the subsequently famous sentence, here translated into English: "Furthermore I believe Carthage must be destroyed".

The reason for this was allegedly that he believed the city's wealth to be a threat to Rome.

Well, we can only hope that Cato the Younger, that is if he existed, learnt from this.

Firm collective opinions, virtually bordering on the fanatic, I myself have fought against without success. Whatever touch of diplomatic attitude I might have, immediately came up short, but a very special experience it became.

The time is the late eighties and the place is Cabrera, the urbanization in the South of Spain where I had just begun my long term plan to establish myself when my retirement age was reached, if I managed to live that long, that was.

I had already made good contact with the establisher and developer of the place, a very charismatic English architect, a good fifteen years older than myself. His name was Peter Grosscurth.

Laws, or perhaps the lack of same in Spain, were at that time, as far as I could understand, both unclear and flexible. A great deal of improvising was required in order to get the books to balance in this context and it didn't help that additions and changes took place continuously, with or without retroactive effect.

Enough said, the above mentioned Peter had on-going challenges with the inhabitants who had already established themselves in the urbanization, as to which of the various common expenses they had to bear, as well as a number of practical details to do with the development itself. Practically speaking, this meant that a lot of them didn't pay anything at all.

As extenuating circumstances for the implicated, one has to mention that language and communication problems, as well as an understanding of the legislation, played a part.

One day as Peter and I sat talking about the problem, which to me seemed totally crazy, I proposed that I make an objective attempt at mediating in the conflict. A certain amount of experience in human relationships I believed myself to possess after some decades as leader of a fairly large family business.

The day came when I had gathered together thirty or forty of the protesting clan for an information meeting. Food and drink had been organized and the atmosphere was good from the start. Peter was obviously not there, so it was just me and all the rest.

I had prepared myself well, I thought, and had committed everything to paper in order that nothing be left to chance.

Everyone listened without any interruptions and I felt that I had fairly good control of the situation.

I believe my speech lasted about ten minutes whereupon I opened for a discussion about the arguments.

A few questions, for the sake of understanding, were raised here and there and answered before I asked everyone to respect the laws referring to everyone having to share the communal expenses in order to secure the future value of their respective investments.

After a short time where one in groups had continued the discussion, one of them comes over to see me and says something like: "George, I speak on behalf of all of us. We largely agree with your argumentation and also that you have put your case well, but you can tell Peter from all of us that we won't pay anything at all before we are threatened by law to do so".

Neither before nor after have I heard such a collective opinion on something from so many different types of people.

What I didn't know at the time, however, but which later became clear to me, was that these people, who were mainly English, had previously been stationed in different countries around the world and had now settled here as pensioners. As the prices in Spain had already at this time made a great leap upwards, their economic situation had reached its breaking point.

In other words, it probably wasn't so much a lack of will as of possibility, and then it's of course important to maintain one's prestige.

It eventually ended up with many of the properties changing owners and what became of the hard core I

don't really know, but I hope at least that the ones sur-
viving, if any of them are still alive after some twen-
ty-five years, are doing well.

The regulations came into place eventually, the ur-
banization was fully legalized and these days it's neither
misunderstood laws nor the government's responsibility
that one is still doing battle, but so it is.

People's divergent opinions based on their different
views on most things, is in the final analysis the reason
for the on-going challenges in this little oasis. Fractions
are formed and contrary views are put to the test.

And for those of you who think this is an exception, in
other words, that which has to do with divergent opin-
ions, take a closer look with this in mind, and see if it
isn't your opinion too, that this is reflected everywhere.

OPINIONS

Freedom of expression should be obvious in an enlight-
ened world, but unfortunately it isn't. But even where
freedom of expression is working, it doesn't mean that
because one has an Opinion about a subject, one must
necessarily always express it, going to extremes and
fighting on the barricades for the same.

April 2014

Meninger

April 2014

Har du ingen mening om noe som helst er du etter min menig ganske fortapt.

Nå er det vel slik at de fleste av oss har meninger om det meste, men det å ha meninger er i seg selv heller ikke så mye verdt hvis man ikke kan få gitt uttrykk for dem.

Det å ha meninger og å være i stand til å kunne gi uttrykk for dem hvis man ønsker, er i hvert fall i de demokratier jeg kjenner til, et privilegium det er verdt å kjempe for.

Det er en menneskerett som aldri må tas som en selvfølgelighet.

Vi har vel alle sett tragiske eksempler på undertrykket ytringsfrihet.

Ingen debatt fra min side om ytringsfrihet, den burde være en selvfølge i en opplyst verden slik jeg ser det, men er nok dessverre ikke det over alt.

Selv om det med ytringsfriheten er i orden er det derved ikke sagt at fordi om man har en mening om en sak, at man nødvendigvis alltid må gi uttrykk for den, sette ting på spissen å slåss på barrikadene for den samme.

En annen sak er at det å beholde enkelte meninger for seg selv, er et råd jeg vil gi til de som har en tendens til å boble over med dem.

Egentlig tror jeg ikke det finne såkalte normale mennesker som ikke har meninger om noe som helst, alle har meninger, det er liksom noe av livets puls.

Derimot er det kanskje lengre mellom de som har såkalt "meningers mot".

Vel, som sagt, man behøver ikke slåss for alle sine meninger, men har man noen såkalte kjepphester, forstått som ting man brenner for, så er det godt å ha "meningers mot". Det vil si at man står for sine meninger og kjemper for dem.

Her må man, som i mange andre sammenheng, imidlertid være oppmerksom på utfordringene som følger med det mange av oss forbinder med fanatiske meninger og holdninger; men det er en annen sak.

Fanatismen lar vi i denne sammenheng ligge, den er uhyggelig nok i seg selv og det har vi sett nok av eksempler på. Den, fanatismen, er dessverre over alt, i alle sosiale, politiske og religiøse fraksjoner og finnes ellers i nesten alle sammenhenger. Det kan heller ikke være tvil om at vi, i uendelige tider eller i hvert fall så lenge det er mennesker som hersker på vår klode, vil stifte ubehagelige bekjentskap med dette ondet, fanatismen.

I de tidlige ungdomsårene er det nok slik at mange ofte er opptatt av å velge det som er riktig, da oppfattet som det de andre mener, av frykt for å bli sett på som en utenforstående. Menneskene er, så vidt jeg vet, å betrakte som "flokkdyr", i denne sammenheng forstått som det å ha like oppfatninger, og det gir trygghet.

Etter hvert som man finne seg mer til rette i tilværelsene og blir mer sikker på seg selv, vil det naturlig nok hos de fleste av oss presse seg frem egne meninger om bestemte ting som skiller seg fra de andres.

Dette mener jeg ofte er relatert til de interesser man har, eller tilegner seg, men er ganske sikkert også et resultat av sosiale og kulturelle påvirkninger.

På mange måter er dette bra, nettopp det at vi ikke alle er like er vel det som er med på å krydre våre respektive tilværelser.

Vi får noe å forholde oss til når vi, eller rettere sagt hvis vi, er i stand til å se våre egne meninger i relasjon til gjeldende generelle normer.

Mange store personligheter har gjennom tidene hatt bastante meninger om nesten alt, noe som både er rimelig og riktig vil jeg tro, selv om det kanskje ikke alltid viste seg at deres meninger var riktige, og det er vel også slik det må være.

For at det ikke skal bli for nært kan vi ta et eksempel som ligger neste to tusen år tilbake i tid.

Den daværende Roma senator Cato den eldre, sies å ha avsluttet alle sine taler i senatet med den i ettertid så berømte setning, her oversatt til norsk; "For øvrig mener jeg at Kartago bør ødelegges".

Bakgrunnen for dette skal angivelig være at han mente at byens rikdom var en trussel mot Roma.

Vel, vi får håpe at Cato den yngre, hvis han i det hele tatt eksisterte, tok lærdom av dette.

Bastante kollektive meninger, nesten på grensen til det fanatiske, har jeg av egen erfaring basket med uten hell. Det snev av diplomatiske holdninger jeg måtte ha kom umiddelbart til kort, men en meget spesiell erfaring ble det.

Tidspunktet er på slutten av åttitallet og stedet er Cabrera, urbanisasjonen i Syd Spania hvor jeg så vidt hadde kommet i gang med min langsiktige plan om etablering når pensjonsalderen ufravikelig ville inntreffe, hvis jeg ellers kom til å leve så lenge.

Jeg var allerede kommet i meget god kontakt med initiativtageren og utbyggeren av stedet, en meget karismatisk engelsk arkitekt, vel femten år eldre enn meg. Hans navn var Peter Grosscurth.

Lover, eller heller manglende oppdaterte sådanne i Spania, var på den tiden så vidt jeg forstod både uklare og tøyelige. Det krev-des stor improvisasjon for å få regnestykket i den sammenheng til å gå opp og det hjalp ikke at tilføyelser og forandringer skjedde kontinuerlig, med eller uten tilbakevirkende kraft.

Nok om det, den samme Peter hadde kontinuerlig utfordringer med de allerede etablerte innbyggerne i urbanisasjonen når det gjaldt hvilke felleskostnader av forskjellig art de måtte være med på å bære, sammen med en rekke praktiske detaljer når det gjaldt selve utbyggingen. Dette innebar i praksis at mange av dem ikke betalte noe som helst.

I formildende omstendigheter for de impliserte skal det nevnes at også språk og kommunikasjonsvanskeligheter, samt forståelse av lovverket, spilte inn.

En dag Peter og jeg satt og snakket om problemet, som for meg syntes helt vanvittig, foreslo jeg at jeg skulle gjøre et objektivt forsøk på å megle i konflikten. Litt erfaring i menneskelige relasjoner mente jeg jo å ha etter ti talls år som leder av en rimelig stor familiebedrift.

Dagen opprant da jeg hadde sammenkalt tretti førti av den protesterende klan til informasjonsmøte. Det var ordnet med litt både å spise og drikke, så stemningen var god helt fra starten. Peter var selvfølgelig ikke til stede, så det var bare meg og alle de andre.

Jeg hadde forberedt meg godt syntes jeg og hadde satt det hele på papiret for at intet skulle bli overlatt til tilfeldighetene.

Alle lyttet oppmerksomt uten noen form for avbrytelser og jeg følte at jeg hadde et rimelig godt grep på situasjonen.

Kan tenke meg at mitt innlegg varte i rundt ti minutter hvoretter jeg inviterte til en diskusjon rundt argumentene. Spredte spørsmål for forståelsens skyld ble stilt og besvart før jeg oppfordret alle til og respektere de lover som henviste til at alle måtte være med å dekke felleskostnader for at deres investeringer skulle sikres fremtidig verdi.

Etter et kort tidsforløp hvor man i grupper hadde fortsatt diskusjonen, kommer en av dem bort til meg og sier noe sånt som.

"George, jeg snakker på vegne av oss alle. Vi er stort sett enige i din argumentasjon og er for øvrig enige om at du har talt vel for saken, men du kan hilse Peter å si at vi ikke kommer til å betale noe som helst før vi lovmessig blir truet til det".

Hverken før eller senere har jeg hørt om maken til felles mening om en sak fra så mange forskjellige typer mennesker.

Det jeg imidlertid ikke visste da men som jeg senere fikk klart for meg var at disse, som for det meste var engelskmenn som tidligere hadde vært stasjonert i forskjellig land rundt i verden, nå hadde slått seg ned her som pensjonister.

Ettersom prisene i Spania allerede på det tidspunkt hadde gjort noen ganske store sprang oppover, hadde deres økonomiske situasjon nådd bristepunktet. Med andre ord skortet det innerst inne kanskje ikke så mye på viljen, men mer på mulighetene og da er det jo viktig og opprettholde prestisjen.

Det endte da også etter hvert med at stadig flere boliger skiftet eiere og hva som skjedde med den hårde kjerne etter hvert vet jeg ikke, men håper i hvert fall at de gjenlevende hvis det fremdeler er noen av dem i live etter rundt tjuefem år, greier seg bra.

Regelverket kom etter hvert på plass, urbanisasjonen ble fullt legalisert og i dag er det hverken misforståtte lover eller myndighetenes ansvar at man fremdeles kives, men det gjør man.

Menneskenes divergerende meninger med bakgrunn i deres forskjellige syn på nesten alt, er nok når alt kommer til alt årsaken til at man stadig har store utfordringer i denne lille oasen. Fraksjoner dannes og motsetninger testes.

Og for deg som tror at dette er et særsyn, altså det med divergerende meninger, er det bare å ta en litt dypere titt, med det for øye å se om ikke også din mening er at dette gjenspeiler seg over alt.

MENINGER

Ytringsfriheten burde være en selvfølge i en opplyst verden, men er nok ikke det over alt. Men selv der hvor det med ytringsfriheten er i orden er det ikke sagt at fordi om man har en Mening om en sak, at man nødvendigvis alltid må gi uttrykk for den, sette ting på spissen og slåss på barrikadene for den samme.

April 2014

POWER OF THE EXAMPLE
The good will win by the Power of the Example. The real decline only begins the day you lose sight of this reality.

March 1992

DISCRIMINATORY?
"He or she was not part of inventing the gunpowder" is a significant expression. It is good that not too many have participated in this invention, as we all probably would otherwise have blown into the air.

May 2019

JUST ROUNDED 80
Have fun before it's too late.

Mai 2019

WRITING
When it comes to writing, it's like with a lot of other things in your body. Out it will and out it gets.

May 2019

EKSEMPELETS MAKT I

Det gode vil vinne ved Eksempelets Makt. Den virkelige nedgang begynner først den dag man mister synet for denne realitet.

Mars 1992

DISKRIMINERENDE?

"Han eller hun var ikke med på å oppfinne kruttet" er et betegnende uttrykk. Det er godt ikke for mange har vært med på den oppfinnelsen, da vi alle antagelig ellers ville ha gått i luften.

Mai 2019

RUNDET 80

Ha det moro før det er for sent.

Mai 2019

SKRIVING

Når det gjelder Skriving, blir det som med så mye annet du har i kroppen. Ut skal det og ut kommer det.

Mai 2019

Difference
Forskjell

Laura Hamborg

Driving Speed
Kjørehastighet

Laura Hamborg

TRUST IV

Trust must be the basis of agreements you intend to comply with.

May 2019

PROVE IT

Don't only talk about what you can do, Prove that you can.

May 2019

MIRROR

The angle you have to the Mirror determines the image you see.

May 2019

WITH A NEW TWIST VI

"One bird in the hand is better than ten on the roof" can be simplified to: "Something is better than nothing".

May 2019

TILLIT IV
Tillit må være basis i avtaler man har til hensikt
å etterleve.
Mai 2019

BEVIS DET
Ikke bare snakk om hva du kan, Bevis at du kan
det.
Mai 2019

SPEIL
Vinklingen du har til Speilet bestemmer bildet
du ser.
Mai 2019

MED EN NY TVIST VI
"En fugl i hånden er bedre enn ti på taket", kan
forenkles til:
"Noe er bedre enn intet".
Mai 2019

POSITIVE RETROGRESSION

Can Positive Retrogression replace the expression: "One step forward and two back"?

May 2919

VOCAL CHORDS

Think how the Vocal Chords, consisting of two muscles, the mouth cavity which forms the acoustic space, and the lungs interacting with the brain, can captivate an entire world.

1995

POSITIVE - NEGATIVE

Positive and Negative have as many shades as Light and Shadow.

May 2019

STRESS AND SUPPRESSION

Stress can be fought in two ways. The first is to overcome the cause, which primarily requires a definition of the cause of Stress. The other, less good solution is Suppression.

May 2019

POSITIV TILBAKEGANG
Kan Positiv Tilbakegang erstatte uttrykket:
"Ett skritt frem og to tilbake"?

Mai 2919

STEMMEBÅNDET
Tenke seg til at Stemmebåndet, bestående av to
muskler, en munnhule som danner det akustis-
ke rom, samt lungene i et samspill med hjernen,
kan trollbinde en hel verden.

1995

POSITIV - NEGATIV
Positiv og Negativ har like mange nyanser som
Lys og Skygge.

Mai 2019

STRESS OG FORTRENGELSE
Stress kan bekjempes på to måter. Den første er
å få bukt med årsaken, noe som først og fremst
krever en definisjon av Stress-ens årsak. Den an-
dre, mindre gode løsningen, er Fortrengelse.

Mai 2019

DISAPPOINTMENT II
A Disappointment can be heavy to carry, especially if it is hurtful. Straighten your back, breathe deeply and forget about revenge.

May 2019

SURPRISE
A joyful Surprise can worm more than a great complement.

May 2019

OPTIMISM
One of the most important words next to love is Optimism.

May 2019

GOAL
The closer you get to the Goal the more important the details become.

May 2019

SKUFFELSE II

En Skuffelse kan være tung å bære, spesielt hvis den er sårende. Rett ryggen, pust dypt og glem hevnen.

Mai 2019

OVERRASKELSE

En gledelig Overraskelse kan varme mer enn et stor kompliment.

Mai 2019

OPTIMISME

Et av de viktigste ordene ved siden av kjærlighet er Optimisme.

Mai 2019

MÅLET

Jo nærmere du kommer Målet, jo mer betydningsfulle blir detaljene.

Mai 2019

THOUGHTS II

When you tumble with Thoughts they are normally both good and bad. Let your Thoughts flow freely when that happens, blockages can cause flooding.

May 2019

BALANCING ACT I

There is nothing wrong with those who Balance on a knife edge. They just have to make sure they have proper footwear.

May 2019

RHYTHM

Not only while dancing, but in everything you do, there is a question about Rhythm. It may well be your own Rhythm, but it must be Rhythm. Nobody has a monopoly on the Rhythm.

May 2019

DISTINCTIVENESS

It's just as certain that we all have something unique in us, as that we are all different.

May 2019

TANKER II

Når du tumler med Tanker er de normalt både gode og vonde. La Tankene flyte fritt når det skjer, blokkeringer kan skape oversvømmelse.

Mai 2019

BALANSEGANG I

Det er ikke noe galt med de som Balanserer på en knivegg. De må bare passe på at de har skikkelig fottøy.

Mai 2019

RYTME

Ikke bare i dans, men i alt du gjør er det spørsmål om Rytme. Det kan godt være din egen Rytme, men det må være Rytme. Ingen har monopol på Rytmen.

Mai 2019

EGENART

Det er like sikkert at vi alle har noe unikt i oss, som at vi alle er forskjellige.

Mai 2019

GULLIBLE

Being a Gullible is often associated with being naive. Watch out for those who plays the Gullible, it may be insidious intentions behind.

May 2019

SELF-CONFIDENT

There is a big difference between the Self-Confident ones. The innate is just natural Self-Confident when it comes to most things, while the one who thinks he protects himself through asserted Self-Confidence has a big problem.

May 2019

SUPERFICIAL

It is in the nature of the matter that one does not go into depth when one is Superficial and precisely for this reason people with that characteristic are easily considered to be simple and uninteresting.

May 2019

GODTROENDE

Å være Godtroende forbindes ofte med å være naiv. Vær på vakt for den som spiller Godtroende, det kan ligge lumske hensikter bak.

Mai 2019

SELVSIKKERHET

Det er stor forskjell på de Selvsikre. Den medfødte er bare naturlig Selvsikker når det gjelder det meste, mens den som tror han beskytter seg gjennom påtatt Selvsikkerhet, har et stort problem.

Mai 2019

OVERFLADISK

Det ligger i sakens natur at man ikke går i dybden når man er Overfladisk og nettopp derfor har mennesker med den egenskapen lett for å bli betraktet som enkle og uinteressante.

Mai 2019

CONCEITED

There are no limits to what the Conceited can make themselves believe about themselves. Is it a lack of self-esteem that promotes this trait?

May 2019

NEGOTIATIONS

Is there anything pompous about Negotiations? Negotiations are nothing more than communication between parties, with intent to end up with some kind of agreement. Successful Negotiations require that the parties feel like winners. When Negotiations don't lead to results, it is often due to lack of understanding and respect for the opposing party's arguments.

May 2019

SELF-PRESERVATION

In general, we believe we have better qualities than we have, that we are a little bit better than we are and that we have a clearer view than most others.

December 2018

INNBILSK

Det er ikke grenser for hva de Innbilske kan få seg til å tro om seg selv. Er det mangel på selvtillit som fremelsker denne egenskapen?

Mai 2019

FORHANDLINGER

Er det noe pompøst over Forhandlinger? Forhandlinger er ikke noe annet enn kommunikasjon mellom parter som har til hensikt å ende opp med en avtale av en eller annen art. Vellykkede Forhandlinger forutsetter at partene føler seg som vinnere. Når Forhandlinger ikke fører til resultat skyldes det ofte manglende forståelse og respekt for motpartens argumenter.

Mai 2019

SELVOPPHOLDELSESDRIFTEN

Generelt tillegger vi oss bedre egenskaper enn vi har, mener vi er litt bedre enn vi er og har et klarere syn på det meste enn de fleste.

Desember 2018

QUARRELSOME

We can all be Quarrelsome once in a while without it implying that we are notorious Quarrelsome. The real Quarreller is born with a Quarrelsome nature and uses every opportunity to practice this little enviable property.

May 2019

HUMAN STRENGTH

Human Strength does not appear in the form of muscles or mortal wealth, but through manners and the power of example.

May 2019

STEADFAST

If the choice stands between several, seemingly on the same level, choose the most Steadfast person in the meaning of strength in terms of character and perseverance.

May 2019

KRANGLEFANTER

Vi kan alle være Kranglete en gang imellom uten at det betyr at vi er notoriske Kranglefanter. Den ekte Kranglefanten er født med en Kranglete natur og benytter enhver anledning til å praktisere denne lite misunnelsesverdige egenskapen.

Mai 2019

MENNESKETS STYRKE

Menneskets Styrke vises ikke i form av muskler eller jordisk rikdom, men gjennom væremåte og eksempelets makt.

Mai 2019

STANDHAFTIGHET II

Står valget mellom flere, som tilsynelatende står likt, bør man satse på den mest Standhaftige i betydning karaktersterk og utholdende.

Mai 2019

ABOUT TAKING CHANCES

Daily, we often take Chances without being sure of the outcome. It is normal and usually goes well. Heroes are those who deliberately take big Chances where a positive outcome is far from certain.

May 2019

ONE WORLD

Is democracy a temporary security valve? Reason suggests that it's impossible to allow all individuals to determine the development of society. Perhaps nature has been instrumental in deciding that we need an incredibly long development time to reach the final solution.
One World, every-ones World.

May 2019

DIFFERENCE II

Humans usually keep their sex life private.
Animals have no thoughts in that direction. The only thing that matters in their world is bringing the species further.

May 2019

OM Å TA SJANSER

I det daglige tar vi ofte Sjanser uten å være sikker på utfallet. Det er normalt og går som regel bra. Helter er de som bevisst tar store Sjanser, hvor et positivt utfall er langt fra sikkert.

Mai 2019

EN VERDEN

Er demokratiet en midlertidig sikkerhetsventil? Fornuft tilsier at det er umulig å la alle individer være med å bestemme samfunnsutviklingen. Kanskje naturen har vært med på å bestemme at vi trenger en utrolig lang utviklingstid for å nå den endelige løsning. En Verden, alles Verden.

Mai 2019

FORSKJELL II

Mennesker holder normalt sexlivet privat.
Dyr har ingen tanker i den retningen. Det eneste som betyr noe i deres verden er å bringe artene videre.

Mai 2019

LOYALTY VIOLATIONS

The slightest feeling of others' Loyalty violation does not disappear by itself. Either you accept it and take your precautions, or you take the bull by the horns.

May 2019

DEVELOPMENT II

Development takes time. Those who fight for it not to go fast enough are fighting in vain.
"With cunning and heave, a dwarf goes beyond a giant".

June 2019

ACCOUNTABILITY

Many have a lot, but often lack the most important, Accountability. The Irresponsible person is unfortunately born without it and haven't had the ability to acquire it through life experience.

June 2019

LOJALITETSBRUDD
Den minste følelse av andres Lojalitetsbrudd forsvinner ikke av seg selv. Enten aksepterer man det og tar sine forhåndsregler, eller man tar tyren ved hornene.

Mai 2019

UTVIKLING II
Utvikling tar tid. De som kjemper for at det ikke går fort nok, kjemper forgjeves.
"Med list og lempe kommer en dverg lenger enn en kjempe".

Juni 2019

ANSVARLIGHET
Mange har mye, men mangler ofte det viktigste, Ansvarlighet. Det Uansvarlige mennesket er dessverre født uten å ha det og har ikke hatt evner til å tilegne seg det gjennom livserfaring.

Juni 2019

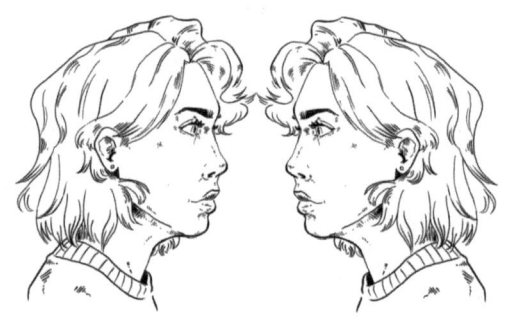

Similitary
Likhet

Laura Hamborg

Food and drink
Mat og Drikke

Laura Hamborg

VALUABLE
The less frequent the more Valuable is part of daily life. The same can apply to us humans.

June 2019

RUNNING A BUSINESS
Running a Business should be a matter of compromise, giving and taking without greed. Those who do not respect it will eventually face the wall.

June 2019

ATMOSPHERE
Sitting outside of a magical Atmosphere is different than being at the center of what's happening.

July 2019

FOREVER
Anyone saying that this or that will last Forever, is either inexperienced or untrustworthy.

June 2019

VERDIFULL
Jo sjeldnere desto mer verdifull, er en del av det daglige liv. Det samme kan gjelde oss mennesker.

June 2019

Å DRIVE EN BEDRIFT
Å Drive en Bedrift bør være et spørsmål om kompromiss, det å gi og ta uten grådighet. De som ikke respekterer det vil til slutt møte veggen.

Juni 2019

STEMNING
Det er stor forskjell på å sitte utenfor en trolsk Stemning enn å være i midtpunktet av det som skjer.

Juli 201

FOR ALLTID
Alle som sier at det eller det vil vare For Alltid, er enten uerfarne eller ikke troverdige.

Juni 2019

EVIL THOUGHTS

When Evil Thoughts take over, it usually always has a cause. Before it goes too far, one should force the positive ones, as the consequences can otherwise be too great.

July 2019

DIFFICULTIES

The times you stood with your back against the wall in your younger days the choice was easy. There was only one way and it was ahead. Age can easily be measured in one's willingness to follow that rule of life.

July 2019

WORTHLESS

Many people express what they think others should say or do. Often Worthless as everyone expresses themselves based on their own prerequisites.

June 2019

ONDE TANKER

Når Onde Tanker tar overhånd, har det normalt alltid en årsak. Før det går for langt bør man tvinge frem de positive, da konsekvensene ellers kan bli for store.

Juli 2019

VANSKELIGHETER

De ganger man stod med ryggen mot veggen i sine yngre dager, var valget enkelt. Det var bare en vei og den var fremover. Alder kan lett måles i ens vilje til å følge den livs-regelen.

Juli 2019

VERDILØST

Mange mennesker uttrykker hva de mener andre burde si eller gjøre. Ofte Verdiløst, fordi alle uttrykker seg ut fra sine egne forutsetninger.

Juni 2019

CENTER

It is only if one could see the starry sky from the Center of the earth that the word infinity really would make sense.

July 2019

PICTURE

If you can see a clear Picture with your eyes closed, you have achieved peace of mind.

July 2019

DRIVING SPEED

The chance of accidents increases with Speed. Are you a gambler?

July 2019

HOPE FOR THE USELESS

If you give your imagination free play, almost anything that seems Useless can be used for something.

June 2019

MIDTPUNKT

Det er kun hvis man kunne se stjernehimmelen fra jordens Midtpunkt, at ordet uendelighet virkelig ville få mening.

Juli 2019

BILDET

Makter du å se et klart Bilde med lukkede øyne, har du oppnådd sjelefred.

Juli 2019

KJØREHASTIGHET

Ulykkesjansen øker med Hastigheten. Er du en gambler?

Juli 2019

HÅP FOR DET UBRUKELIGE

Gir man fantasien fritt spillerom, kan nesten alt som synes Ubrukelig, benyttes til noe.

Juni 2019

WORDS

Words that catches and Words you need –
Words that blocks and Words one twist –
Words that worms and Words that charms –
Words of Joy and Words of grief.
Never lock the door to your own castle.

1994

UNSYMPATHETIC - SYMPATHETIC I

It's easy to have Unsympathetic feelings towards
some people and Sympathetic towards others.
From that point of view, we are all right, as it is
our own opinion.

June 2019

FAKE NEWS III

False news does not in any way have to be a
liar, even if accessible material that would have
made the information truthful is omitted.

June 2019

ORD

Ord som fenger og Ord man trenger –
Ord som stenger og Ord man vrenger –
Ord som varmer og Ord som sjarmer –
Ord til glede og Ord til sorg –
Lås aldri døren til egen borg.

1994

USYMPATISK - SYMPATISK I

Det er lett å ha Usympatiske følelser overfor noen mennesker og Sympatiske overfor andre. Fra det synspunkt har vi alle rett, ettersom det er vår egen oppfatning.

Juni 2019

FALSKE NYHETER III

Falske nyheter behøver ikke på noen måte å være løgner, selv om tilgjengelig materiale som ville ha gjort informasjonen sannferdig er ute-latt.

Juni 2019

INNATE CHARACTERISTICS
Innate Characteristics follow you all your life. You can never get rid of your bad qualities, but you can curb the effects of them through your behaviour.

June 2019

COHABITATION
Living with someone who does not understand you, or what you stand for, provides a poor foundation for success.

June 2019

EXHAUSTED II
Even when one feels utterly worn out, it is amazing what powers one can mobilize if only one gives the will free rein.

June 2019

INNER FLAME
If you keep your Inner flame in a cage - you remain angry.

June 2019

MEDFØDTE EGENSKAPER
Medfødte Egenskaper følger deg hele livet. Du kan aldri bli kvitt dine dårlige Egenskapene, men du kan dempe effekten av dem gjennom din opptreden.

Juni 2019

SAMLIV
Det å leve sammen med en som ikke forstår deg, eller hva du står for, gir dårlig grobunn for suksess.

Juni 2019

UTSLITT II
Selv når man føler seg fullstendig Utslitt, er det utrolig hvilke krefter man kan mobilisere bare man gir viljen fritt spillerom.

Juni 2019

INDRE FLAMME
Holder du din Indre Flamme i et bur - forblir du sur.

Juni 2019

FOOD AND DRINK
The phrase "It's much Food in Good Drinks" has a lot going for itself, but there are still many who Drink for the sake of intoxication.

June 2019

CRITICISM AND POSITIONS
Anyone who can't stand being Criticized also lacks other essential features needed to possess leading Positions.

June 2019

STRAIGHT BACK
With a straight back and raised gaze you get the best overview. With repeated deep breaths and relaxed muscles, you can as well achieve inner peace.

June 2019

PROFITABILITY
Not everything you do must be Profitable. Those who are of that opinion miss out a lot.

July 2019

MAT OG DRIKKE

Uttrykket at "Det er mye Mat i godt Drikke" har mye for seg, men det er stadig mange som Drikker for rusens skyld.

Juni 2019

KRITIKK OG POSISJONER

Den som ikke tåler å bli Kritisert, mangler også andre vesentlige egenskaper som skal til for å besitte ledende Posisjoner.

Juni 2019

RAK RYGG

Med Rak Rygg og hevet blikk får du den beste oversikt. Med gjentatte dype åndedrag og avslappede muskler i tillegg, kan du også oppnå indre fred.

Juni 2019

LØNNSOMHET

Ikke alt man gjør må være Lønnsomt. De som mener det går glipp av mye.

Juni 2019

ROBOT AGE
Shouldn't it soon be required to open a business call with: "You are talking to a human being" or the opposite: "You are talking to a Robot". The confusion is already there!

June 2019

TRUST III
Trust cannot be bought or sold. Anyone who wants to be perceived as Trustworthy, must themselves build up the foundation through their behaviour.

June 2019

HEROES I
It is not just Heroes who can't perform without food and drink, it applies to us all.

June 2019

DISTURBANCE
A Disturbance is only perceived positively if it saves you from a difficult situation.

June 2019

ROBOTALDER

Burde det ikke snart bli påbudt å åpne en forretningsmessig telefonsamtale med: "Du snakker med et menneske", eller det motsatte: "Du snakker med en Robot". Forvirringen er allerede der!

Juni 2019

TILLIT III

Tillit kan ikke kjøpes eller selges. Den som ønsker å bli oppfattet som Tillitsfull, må selv opparbeide grunnlaget gjennom sin væremåte.

Juni 2019

HELTER I

Det er ikke bare Helter som ikke duger uten mat og drikke, det gjelder oss alle.

Juni 2019

FORSTYRRELSE

En Forstyrrelse oppfattes kun positivt hvis den redder deg fra en vanskelig situasjon.

Juni 2019

SUPERSTITION

The fact that you think there is more between heaven and earth than we are aware of does not characterize you as Superstitious. You just acknowledge that there is always room for our further development.

June 2019

SIMILARITY I

Except for identical twins, how often have you seen a human being who really resembles another? Think about how rare it happens and what the chances are that they are otherwise equal? Human Similarity is severely limited.

June 2019

CLONING

If we assume that our Lord is mastering the art of Cloning, may it then be that he has Cloned parts of himself in us humans, thereby giving us the opportunity to let him guide us through life?

May 2019

OVERTRO

Det at du tror det er mer mellom himmel og jord enn vi er klar over, karakteriserer deg ikke som Overtroisk. Du bare erkjenner at det stadig er rom for vår videre utvikling.

Juni 2019

LIKHET I

Bortsett fra eneggede tvillinger, hvor ofte har du sett et menneske som virkelig ligner ett annet? Tenk hvor sjelden det skjer og hva sjansene er for at de ellers er like? Menneskelig Likhet er sterkt begrenset.

Juni 2019

KLONING

Hvis vi forutsetter at vår Herre behersker Kloningens kunst, kan det da være slik at han har Klonet deler av seg selv i oss mennesker og derved gitt oss muligheten til å la ham guide oss gjennom livet?

Mai 2019

They who speak by mouth
De som jatter med

Laura Hamborg

With a twist VI
Med en vri VI

Laura Hamborg

ANIMALS AND SEX-LIFE
Animals have no relation to keeping their Sex-life hidden. Where there is a chance to pass the species on, it happens.

June 2019

ABOUT EXPRESSING ONESELF
Think if we should always Express what we really mean. Fortunately, we have limitations on that matter, as otherwise we would have made life very difficult for all of us.

June 2019

GREEDINESS I
We all probably have a degree of Greed within us, in the form of selfishness. However, we should be able to control it.

It's worse with the genuinely Greedy. They are immediately noticed and can hardly get rid of this bad trait.

June 2019

DYR OG SEXLIV

Dyr har ikke noe forhold til det å holde sitt Sexliv skjult. Der det gis en sjanse til å føre arten videre skjer det.

Juni 2019

OM Å UTTRYKKE SEG

Tenk om vi alltid skulle gi Uttrykk for det vi virkelig mener. Heldigvis har vi begrensinger når det gjelder den saken, da vi ellers ville ha gjort livet svært vanskelig for oss alle.

Juni 2019

GRÅDIGHET II

Vi har antagelig alle en grad av Grådighet i oss, i form av egoisme. Den bør vi imidlertid kunne kontrollere.

De genuint Grådige er det verre med. De blir omgående lagt merke til og kan vanskelig kvitte seg med denne dårlige egenskapen.

Juni 2019

EASIER SAID THAN DONE III

It is a pity to see people who do not master the destruction of cigarettes. After all, it's just a matter of leaving this destructive habit behind.

July 2019

RETALIATION

To give to others what they give to you means, as far as I know, that I do the same to you as you do to me. Does that mean that the one who started is at fault and the one who perseveres the longest is the winner?

June 2019

THE WILL TO WIN

It is easy to remind yourself that the W in the Will is the first letter, in the same way that Winning starts with a W. That is exactly what it is all about. If you lack the Will to Win, it is like giving up. In this context it's about winning over the challenges.

January 2019

LETTERE SAGT ENN GJORT III

Det er leit å se mennesker som ikke behersker sigarettens ødeleggelser. Det er jo bare et spørsmål om å legge denne destruktive lasten bak seg.

Juli 2019

HEVN

Det å ta igjen med samme mynt, betyr vel egentlig at jeg gjør det samme mot deg som du gjør mot meg. Blir den skyldige da den som startet, og vinneren den som holder ut lengst?

Juni 2019

VILJEN TIL Å VINNE

Det er lett å minne seg selv om at V i Viljen er den første bokstaven, på samme måte som at å Vinne starter med en V. Det er nettopp det det dreier seg om. Mangler man Viljen til å Vinne, er det som å gi opp. I denne sammenheng dreier det seg om å Vinne over utfordringene.

Januar 2019

CLIMATE DEVELOPMENT

An infinity of years lies behind us. Measurements of temperature have lasted only millionth's part of minutes of that time. Yet we are thought to believe that we are the ones who have caused the "new" temperature records.

This consideration has everything to do with the fact that we humans must, of course, become more aware of our influence on the inevitable natural evolution, but also, that we must recognize that nature is totally superior to us in that context, and that it is the one that decides the beat.

June 2019

KLIMATISK UTVIKLING

Uendeligheter av år ligger bak oss. Målinger av temperaturen har vart i milliontedeler av minutter av den tid. Enda lar vi oss innbille at det er vi som har forårsaket de "nye" temperaturrekordene.

Denne betraktningen har alt å gjøre med at vi mennesker selvfølgelig må bli oss mer bevisste når det gjelder vår påvirkning av den ufravikelige naturlige evolusjonen, men også at vi må erkjenne at naturen er oss totalt overlegen i den sammenhengen og at det er den som bestemmer takten.

Juni 2019

EGOISM AND SELFISHNESS
The Egoist is usually also Selfish. The intelligent Egoist tries to hide these bad qualities but will never succeed in getting rid of them.

June 2019

THEY WHO SPEAK BY MOUTH
The fact that "Everyone sings with their own beak" is a perfect expression for anyone who is not Speaking By Mouth.

June 2019

EXTREMISM AND FANATICISM
Keep a good distance to people with Extreme or Fanatic attitudes. Even a slight suspicion should be enough.

March 2019

HERESIES
Without tolerance, it is right, from everyone's point of view, to consider the opinions of others as Heresy.

June 2019

EGOISME OG SELVOPPTATTHET

Egoisten er som regel også Selvopptatt. Den intelligente Egoisten prøver å skjule disse dårlige egenskapene, men vil aldri lykkes å bli kvitt dem.

Juni 2019

DE SOM JATTER MED

At "Enhver synger med sitt eget nebb", er et helt riktig uttrykk når det gjelder alle som ikke bare Jatter Med.

Juni 2019

EKSTREMISME OG FANATISME

Hold god avstand til personer med Ekstreme eller Fanatiske holdninger. Selv en liten mistanke bør være nok.

Mars 2019

VRANGLÆRE

Uten toleranse er det riktig, fra alles ståsted, å betrakte andres meninger som Vranglære.

Juni 2019

ON DEMOCRACY II

The more people to decide, the more Bureaucrats it takes to study and map out the different points of view. The bureaucracy costs and the bigger it gets the more complex and expensive it gets. The bureaucracy itself creates a continuous need for growth.

2016

DIPLOMATIC ABILITIES

Even if you have Diplomatic Abilities and have studied laws and regulations of the bureaucracy, this does not mean that you are a good leader and far from you having financial flair. Here, as otherwise often, the black and white rule doesn't apply.

2016

SELF-EVALUATION

In general, we add our self better qualities than we have, that we are a little better than we really are and that we have a clearer view than most other.

Dec. 2018

OM DEMOKRATIET II

Jo flere som skal være med å bestemme, jo flere byråkrater må det til for å utrede og kartlegge de forskjellige synspunkter. Byråkratiet koster og jo større det blir jo mer komplekst og dyrere blir det. Byråkratiet i seg selv skaper et kontinuerlig behov for vekst.

2016

DIPLOMATISKE EVNER

Selv om man har Diplomatiske Evner og har studert byråkratiets lover og regler, betyr ikke det at man er en god leder og langt fra at man har økonomisk teft. Her som ofte ellers gjelder ikke sort/hvitt regelen.

2016

SELVBEDØMMELSE

Generelt tillegger vi oss bedre egenskaper enn vi har, at vi er litt bedre enn vi egentlig er og at vi har et klarere syn på det meste enn de fleste.

Des. 2018

ON DEMOCRACY III

When we talk about contradictions and accept that they always are there, it is only logical that one accepts that all extremes are necessary for the society to function. Everyone must therefore be stimulated to do their best.

Tolerance, balance and compromise are important factors in this context.

2016

ON DEMOCRACY I

It is difficult to imagine a Democratic form of Governance that can operate without bureaucracy. The more cooks the more mess, is an expression to refer to when considering all fractions in society.

2016

ON DEMOCRACY IV

How many political segments, or parties, a Democracy should have is determined by the citizens of the Democracy. Everybody stands free to form their own political party. If you reach the necessary minimum when it comes to voters, you are in the process.

2016

OM DEMOKRATIET III

Når vi snakker om motsetninger og aksepterer at de alltid er der, er det bare logisk at man aksepterer at alle ytterligheter er nødvendige for å få samfunnet til å fungere. Alle må derfor stimuleres til å yte sitt beste.

Toleranse, balanse og kompromiss er viktige faktorer i denne sammenheng.

2016

OM DEMOKRATIET I

Det er vanskelig å forestille seg en Demokratisk styreform som kan fungere uten Byråkrati. Jo flere kokker jo mere søl, er et nærliggende uttrykk og referere til når man skal ta hensyn til alle fraksjoner i samfunnet.

2016

OM DEMOKRATIET IV

Hvor mange politiske segmenter eller partier et Demokrati skal ha, bestemmes av Demokratiets innbyggere. Det står enhver fritt å danne sitt eget politiske parti. Når man sperregrensen når det gjelder velgere, er man i gang.

2016

MORALITY

It is Morally correct that no one, without responsibility, should be able to enrich themselves at the expense of others.

Precisely the little "without responsibility" is most important, for it is probably unfortunately in the nature of many people to try, and forget about Morality.

2016

PROTECTIVE WINGS

Protective Wings that are spread throughout society, and the considerations that must be taken to secure everyone, do not usually belong to the one that puts all their efforts into financial success.

2016

JUDGEMENT

Your judgment is measured by your ability to cope with challenges. Not by judges, but by people close to you. Others are rarely interested.

Nov.2019

MORAL

Det er Moralsk riktig at ingen, uten ansvar, skal kunne berike seg på andres bekostning.

Nettopp det lille "uten ansvar" er det viktigste, for det ligger nok dessverre i mange menneskers natur å prøve seg, og la Moralen seile i sin egen sjø.

2016

BESKYTTENDE VINGER

Beskyttende Vinger som spres ut over hele samfunnet, og de hensyn som må tas for å sikre alle, hører vanligvis ikke hjemme hos den som setter all innsats inn på økonomisk suksess.

2016

DØMMEKRAFT

Din Dømmekraft måles ut fra dine evner til takling av utfordringer. Ikke av dommere, men av mennesker som står deg nær. Andre er sjelden interessert.

Nov.2019

AGGRESSIVENESS

Aggressiveness often occurs because of lack of communication.

May 2019

CONDITIONS

We are constantly in changing Conditions. Self-awareness determines how we deal with them.

May 2019

POLLUTION

We achieve environmental conscience only after we have cleaned up the consequences of our own Pollution. Nature will take care of it's part like it has always done.

May 2019

MODERATION

"Everything in Moderation," it says. Is Moderation a measurable entity, or does it go to good judgment? Either way, the rating will be individual. Who determines the norms?

Nov.2019

AGGRESSIVITET

Aggressivitet oppstår ofte som et resultat av manglende kommunikasjon.

Mai 2019

TILSTANDER

Vi befinner oss kontinuerlig i skiftende Tilstander. Selvbevissthet avgjør hvordan vi takler dem.

Mai 2019

FORURENSNING

Miljømessig god samvittighet oppnår vi først etter at vi har ryddet opp i konsekvensene av vår egen Forurensning. Naturen tar vare på sin del slik den alltid har gjort.

Mai 2019

MODERASJON

"Alt med måte", heter det. Er Moderasjon en målbar enhet, eller går det på skjønn? Uansett blir bedømmelsen individuell. Hvem bestemmer normene?

Nov.2019

THE CAT

The Cat is a good psychologist. If you have the slightest aversion to the Cat, it feels it. Whatever you do to make contact, it keeps its distance.

May 2019

TAKING THINGS FOR GRANTED

Truisms can be very expensive.

March 2019

BROAD-MINDED

If you are Broad-minded, but not a specialist in any field, you should not rely on others' experiences.

May 2019

EVENING SILHOUETTE

Nothing makes "faith" clearer than an Earthly Evening Silhouette against a setting sun.

July 2019

KATTEN

Katten er en god psykolog. Har du den minste aversjon mot Katten føler den det. Uansett hva du gjør for å skape kontakt, holder den sin avstand.

Mai 2019

OM Å TA TING FOR GITT

Selvfølgeligheter kan være dyr-kjøpte.

Mars 2019

VIDSYNT

Hvis du er Vidsynt, men ikke spesialist på noe felt, bør du ikke basere deg på andres erfaringer.

Mai 2019

KVELDS SILHUETT

Intet gjør "tro" klarere enn en jordisk Kvelds Silhuett mot en nedadgående sol.

Juli 2019

TO BE IN DOUBT

If you are in doubt whether you should or not, go for it. Life is too short to let too many chances pass by.

May 2019

STUPIDITY

One of the most Stupid thing one can do is not to apologize for one's Stupidity towards others.

July 2019

EASIER SAID THAN DONE II

If, in a cohabitation, one feels that the tolerance ratio has been exceeded, one should go for a settlement.

June 2019

SKJULTE TANKER

Det er godt vi ikke lar alle våre Skjulte Tanker og meninger komme til uttrykk. Normalt er det lite å tjene på det.

Juni 2019

Å VÆRE I TVIL

Hvis du er i Tvil om du skal eller ikke, så la det stå til. Livet er for kort til å la for mange sjanser gå fra deg.

Mai 2019

DUMHET

Noe av det Dummeste man kan gjøre er å ikke be om unnskyldning for sine Dumheter mot andre.

Juli 2019

LETTERE SAGT ENN GJORT II

Hvis man i et samliv føler at toleransekvoten er overskredet, bør man ta et oppgjør.

Juni 2019

HIDDEN THOUGHTS

It's good we don't let all our Hidden Thoughts and opinions be expressed. Normally, there is little to gain from it.

June 2019

ABOUT CHANGING OPINION

Changing Opinion is just a healthy acknowledgment that we can all be wrong. But it should not become a daily habit.

June 2019

MEMORY

Perhaps it is a good sign that one remembers and accepts that the memory normally deteriorates in line with one's life time on this earth.

2018

FOCUSING

Whatever happens around you - Focus on what you stand for, with humility, but stick to your principles as you otherwise will drown.

July 2019

OM Å FORANDRE MENING

Det å Forandre Mening er bare en sunn erkjennelse av at vi alle kan ta feil. Men det bør ikke bli en daglig vane.

Juni 2019

HUKOMMELSEN II

Kanskje det er et godt tegn at man husker, og aksepterer, at Hukommelsen normalt svekkes i takt med ens fartstid på denne jord.

2018

FOKUSERING

Uansett hva som skjer rundt deg - Fokuser på det du står for, naturligvis med ydmykhet, men hold deg til dine prinsipper da du ellers vil drukne.

Juli 2019

ECONOMY

A non-moving Economy means standstill and standstill means decline. As in everything else, without decline and rise there will also be no progress.

Nov.2019

ØKONOMI

En Økonomi som ikke er i bevegelse betyr stillstand, og stillstand betyr tilbakegang. Som i alt annet, uten nedgang og oppgang, blir det heller ingen fremgang.

Nov.2019